우리 아이 첫 영단어 친해지기

우리 아이 첫 영단어 친해지기

초판 인쇄일 2025년 1월 10일   초판 발행일 2025년 1월 17일

지은이 김창수·최옥향   발행인 김영숙   신고번호 제2022-000078호
발행처 북장단 주소 (10881) 경기도 파주시 회동길 445-4(문발동 638) 408호
전화 031)955-9221~5   팩스 031)955-9220
인스타그램 @ddbeatbooks   메일 ddbeatbooks@gmail.com

기획 김태호   진행 이찬희   디자인 김창수, 유니나   영업마케팅 김준범, 서지영
ISBN 979-11-988803-7-6   정가 13,000원

1. 제조자   북장단
2. 주소   경기도 파주시 회동길 445-4 408호
3. 전화번호   031-955-9224
4. 제조년월   2025년 1월 10일
5. 제조국   대한민국
6. 사용연령   6세 이상

사용상 주의사항
• 종이에 긁히거나 손이 베이지 않도록 주의하세요.
• 제품을 입에 넣거나 빨지 않도록 주의하세요.
• KC마크는 이 제품이 공통안전기준에 적합하였음을
  의미합니다.

그림으로 재미있게!
혼자서도 신나게!

우리 아이 첫 영단어 친해지기

김창수·최옥향 지음

북장단

이 책의 특징

『우리 아이 첫 영단어 친해지기』는 주제에 맞는 그림의 위치에 따라 연상 작용으로 단어를 익혀 아이가 일상 속에서도 혼자 영단어를 기억할 수 있도록 한 영단어 학습 책입니다.
모든 영단어에 한글 발음을 표기하여 영어와 쉽게 친해질 수 있도록 구성하였습니다.

알파벳 대문자, 소문자를 익히고 그 알파벳으로 시작하는 단어를 알아봅니다.

16가지의 일상 속 주제에 맞는 그림을 보며, 사물의 위치와 관계를 통해 연상 작용으로 영단어를 익힙니다.

기초 파닉스 배우기

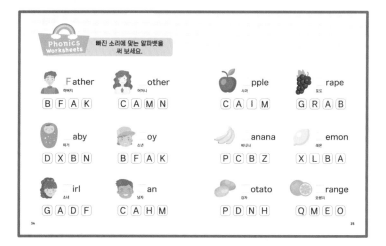

두 주제마다 한 번씩, 파닉스를 통해
여러 소리를 가지고 있는 알파벳의
기본 소리를 배웁니다.

다양한 복습 활동

학습한 내용을 재미있게 연습할 수 있도록 그림에 맞는 단어 찾기, 단어 연결하기,
단어 써 보기, 기초 회화 등으로 지루하지 않게 구성하였습니다.
책 마지막에는 익힌 단어를 활용하여 자기 소개를 완성해 봅니다.

Aa
에이 [eɪ]

Bb
비 [biː]

Cc
씨 [siː]

Dd
디 [diː]

Ee
이 [iː]

Ff
에프 [ɛf]

Gg
지 [dʒiː]

Hh
에이치 [eɪtʃ]

Ii
아이 [aɪ]

Jj
제이 [dʒeɪ]

Kk
케이 [keɪ]

Ll
엘 [el]

Mm
엠 [ɛm]

Nn
엔 [ɛn]

Oo
오 [oʊ]

Pp
피 [pi]

Qq
큐 [kju]

Rr
알 [ɑːr]

Ss
에스 [ɛs]

Tt
티 [tiː]

Uu
유 [juː]

Vv
브이 [viː]

Ww
더블유 [dʌbəl.ju]

Xx
엑스 [ɛks]

Yy
와이 [waɪ]

Zz
제트, 지 [zɛd] [ziː]

ABC SONG

A B C D   E F G
에이 비 씨 디   이 에프 지

H I J K   L M N O P
에이치 아이 제이 케이   엘 엠 엔 오 피

Q R S   T U V
큐 알 에스   티 유 브이

W X   Y and Z
더블유 엑스   와이 앤 지(제트)

Now I Know my   A B C's
나우 아이 노우 마이   에이 비 시즈

Next time won't you   sing with me?
넥스 타임 온 츄   싱 윈 미?

[에이]

A , a 를 찾아보세요.

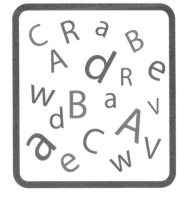

Ant
앤트

Airplane
에어플레인

Apple
애플

 읽으면서 따라 써 보세요.

A A A A A A A

a a a a a a a

Aa

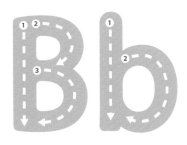

[비]

B , b 를 찾아보세요.

Bee
비이

Banana
버내너

Bear
베어

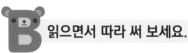 읽으면서 따라 써 보세요.

B B B B B B B

b b b b b b b

Bb

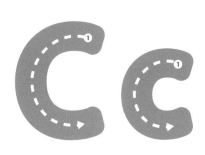

[씨]

C , c 를 찾아보세요.

Cat
캣

Cloud
클라우드

Cake
케이크

 읽으면서 따라 써 보세요.

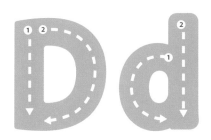

[디]

D , d 를 찾아보세요.

Dog
도그

Duck
덕

Daddy
대디

 읽으면서 따라 써 보세요.

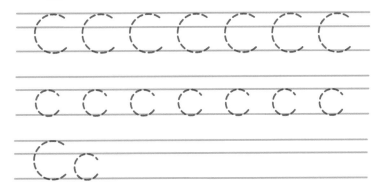

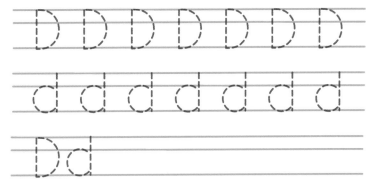

E e

[이]

E , e 를 찾아보세요.

Egg
에그

Elephant
엘리펀트

Eight
에잇

읽으면서 따라 써 보세요.

F f

[에프]

F , f 를 찾아보세요.

Fish
피쉬

Fox
폭스

Frog
프라그

읽으면서 따라 써 보세요.

[지]

G , g 를 찾아보세요.

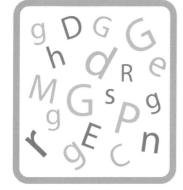

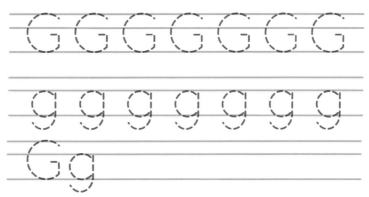

Grape 그래입 **Garlic** 가얼릭 **Green** 그린

 읽으면서 따라 써 보세요.

G G G G G G G

g g g g g g g

G g

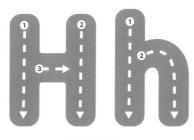

[에이치]

H , h 를 찾아보세요.

Hippo 히포 **Horse** 호어스 **Hand** 핸드

 읽으면서 따라 써 보세요.

H H H H H H H

h h h h h h h

H h

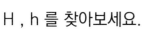

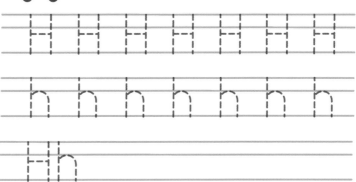

11

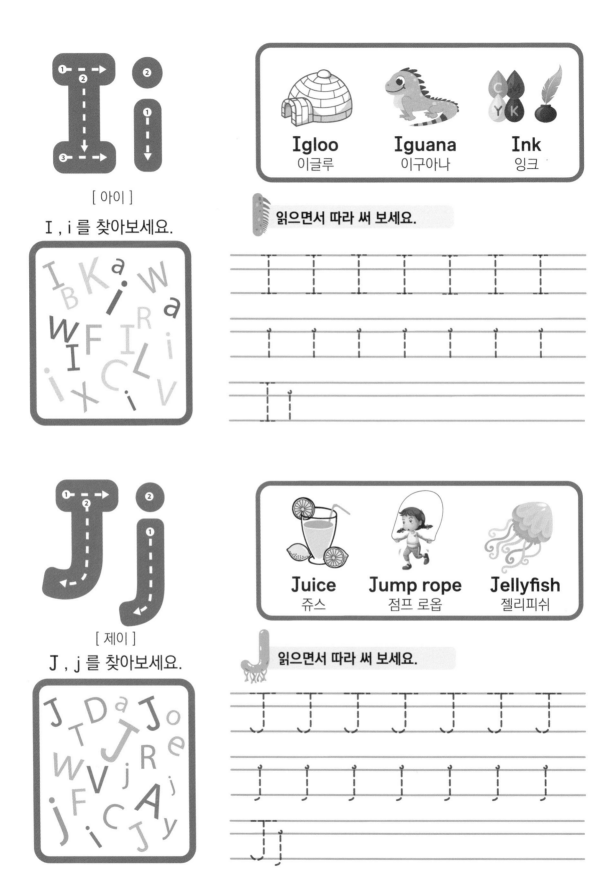

[아이]

I , i 를 찾아보세요.

Igloo
이글루

Iguana
이구아나

Ink
잉크

읽으면서 따라 써 보세요.

[제이]

J , j 를 찾아보세요.

Juice
쥬스

Jump rope
점프 로옵

Jellyfish
젤리피쉬

읽으면서 따라 써 보세요.

[케이]

K , k 를 찾아보세요.

Kiwi
키위

Koala
코알라

Key
키

읽으면서 따라 써 보세요.

[엘]

L , l 를 찾아보세요.

Lion
라이언

Lemon
레몬

Ladybug
레이디벅

읽으면서 따라 써 보세요.

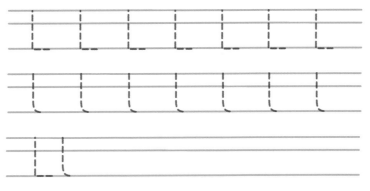

[엠]

M , m 를 찾아보세요.

Mushroom 머쉬룸 **Mouse** 마우스 **Monkey** 멍키

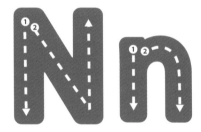 읽으면서 따라 써 보세요.

M M M M M M

m m m m m m

M m

[엔]

N , n 를 찾아보세요.

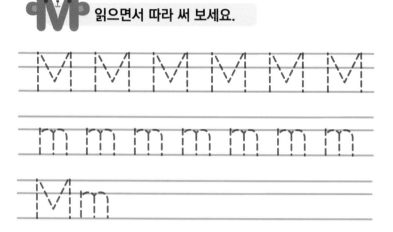

Notebook 노트북 **Nurse** 널스 **Nail** 네일

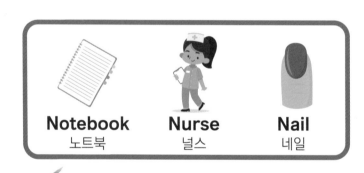 읽으면서 따라 써 보세요.

N N N N N N

n n n n n n

N n

14

[오]

O , o 를 찾아보세요.

Octopus 악터퍼스
Orange 오어런지
Onion 어년

읽으면서 따라 써 보세요.

[피]

P , p 를 찾아보세요.

Pig 피그
Pineapple 파이내펄
Pencil 펜슬

읽으면서 따라 써 보세요.

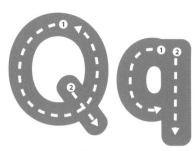

[큐]

Q , q 를 찾아보세요.

Queen
퀸

Quiz
퀴즈

Question
퀘스천

 읽으면서 따라 써 보세요.

Q Q Q Q Q Q Q

q q q q q q q

Q q

[알]

R , r 를 찾아보세요.

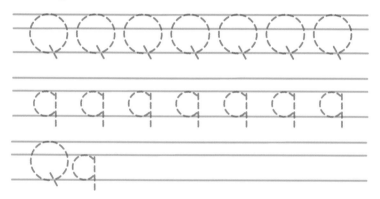

Red
레드

Rainbow
레인보우

Rabbit
래빗

 읽으면서 따라 써 보세요.

R R R R R R R

r r r r r r r

R r

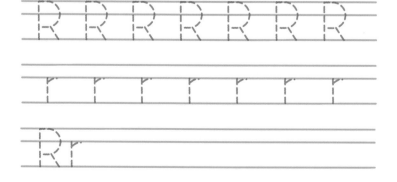

[에스]

S , s 를 찾아보세요.

Star 스타 **Snake** 스네익 **Shrimp** 쉬림프

읽으면서 따라 써 보세요.

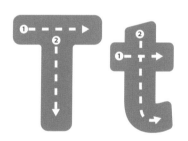

[티]

T , t 를 찾아보세요.

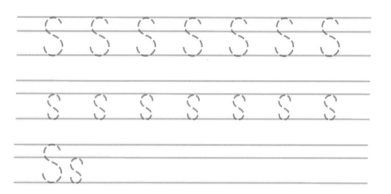

Tomato 토메이토우 **Tiger** 타이거 **Turtle** 터틀

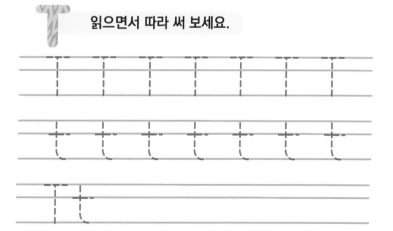

읽으면서 따라 써 보세요.

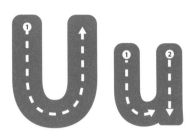

[유]

U , u 를 찾아보세요.

Unicorn
유니콘

Umbrella
엄브렐러

USA
유에스에이

읽으면서 따라 써 보세요.

[브이]

V , v 를 찾아보세요.

Vegetable
베지터벌

Volcano
발케이노

Violin
바이얼린

 읽으면서 따라 써 보세요.

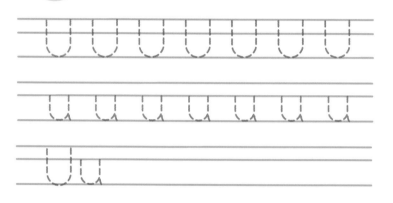

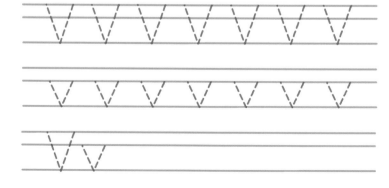

[더블유]

W , w 를 찾아보세요.

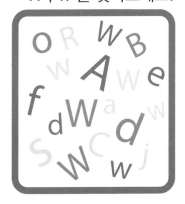

Whale 웨일　**Window** 윈도우　**Watch** 워치

 읽으면서 따라 써 보세요.

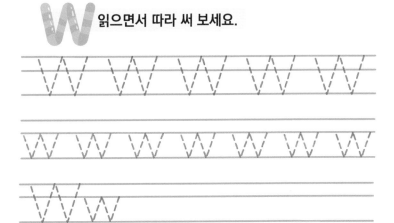

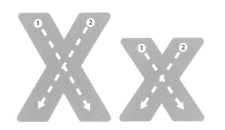

[엑스]

X , x 를 찾아보세요.

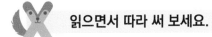

X-ray 엑스레이　**Xylophone** 자일러폰

 읽으면서 따라 써 보세요.

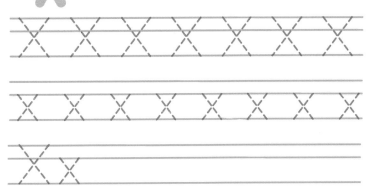

[와이]

Y , y 를 찾아보세요.

Yellow
옐로우

Yo-yo
요-요

Yoga
요가

읽으면서 따라 써 보세요.

[제트],[지]

Z , z 를 찾아보세요.

Zoo
주

Zebra
지브라

Zero
지로우

읽으면서 따라 써 보세요.

▶ START

A B C

Let's begin!

Family
패밀리, 가족

여동생
영거 시스터
Younger sister

아버지
파더 Father

나
미 Me

남동생
영거 브라더
Younger brother

어머니
마더 Mother

할아버지
그랜드파더
Grandfather

삼촌
엉클 Uncle

이모
앤트 Aunt

형, 오빠
올더 브라더
Older brother

22

할머니
그랜드마더 Grandmother

언니, 누나
올더 시스터 Older sister

아기
베이비 Baby

어린이
차일드 Child

남자
맨 Man

여자
워먼 Woman

소녀
걸 Girl

소년
보이 Boy

☑️ 올바른 글자에 표시하세요.

어머니

- ☐ Music
- ☐ Mother
- ☐ Mirror

아버지

- ☐ Five
- ☐ Friday
- ☐ Father

소녀

- ☐ Girl
- ☐ Gate
- ☐ Grape

소년

- ☐ Baby
- ☐ Boy
- ☐ Bank

이모

- ☐ Apple
- ☐ Aunt
- ☐ Airport

삼촌

- ☐ Uncle
- ☐ United
- ☐ Under

단어를 따라 써 보세요.

남자

여자

소년

소녀

그림에 맞는 단어를
연결하세요.

 형, 오빠 ○   ○ **Older sister**

 언니, 누나 ○   ○ **Younger sister**

 남동생 ○   ○ **Older brother**

 여동생 ○   ○ **Family**

 가족 ○   ○ **Younger brother**

My Family

My name is Nana Kim.
마이 네임 이즈 나나 킴.

내 이름은 김나나입니다.

This is my father.
디스 이즈 마이 파더.

이분은 나의 아버지입니다.

This is my mother.
디스 이즈 마이 마더.

이분은 나의 어머니입니다.

I have a younger sister.
아이 헤브 어 영거 시스터.

나는 여동생이 한 명 있습니다.

Unit 02

Fruits & Vegetables
프룻&베지터벌, 과일&야채

사과
애펄 Apple

포도
그래입 Grape

복숭아
피치 Peach

딸기
스트로베어리
Strawberry

파인애플
파이내펄
Pineapple

바나나
버내너 Banana

레몬
레먼 Lemon

망고
맹고우 Mango

수박
워터멜런
Watermelon

블루베리
Blueberry

오렌지
오어런지 Orange

체리
Cherry

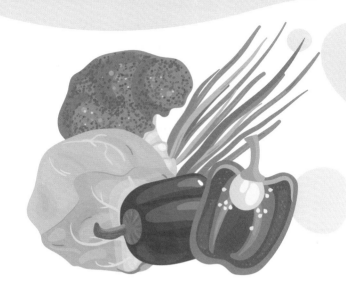

당근
캐럿 Carrot

고추
칠리 Chili

옥수수
콘 Corn

오이
큐컴버
Cucumber

토마토
토메이토우
Tomato

버섯
머쉬룸
Mushroon

마늘
가얼릭 Garlic

생강
진저 Ginger

감자
퍼테이토우
Potato

호박
펌프킨 Pumpkin

양파
어년 Onion

배추
캐버지 Cabbage

Review Test

☑️ 올바른 글자에 표시하세요.

사과

- ☐ Ant
- ☐ Apple
- ☐ Animal

옥수수

- ☐ Corn
- ☐ Cup
- ☐ Cap

포도

- ☐ Girl
- ☐ Grape
- ☐ Glass

당근

- ☐ Class
- ☐ Cloud
- ☐ Carrot

레몬

- ☐ Lemon
- ☐ Light
- ☐ Lip

버섯

- ☐ Mouth
- ☐ Mother
- ☐ Mushroom

단어를 따라 써 보세요.

바나나

Banana Banana

토마토

Tomato Tomato

감자

Potato Potato

고추

Chili Chili Chili

 그림에 맞는 단어를
연결하세요.

 파인애플 ○   ○ Garlic

 마늘 ○   ○ Cherry

 오이 ○   ○ Pineapple

 체리 ○   ○ Strawberry

 딸기 ○   ○ Cucumber

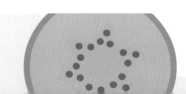

Fruits

Do you like apples?

두 유 라익 애펄즈?

너는 사과를 좋아하니?

Yes, I like apples.

예스, 아이 라익 애펄즈.

네, 나는 사과를 좋아합니다.

What is your favorite fruit?

왓 이즈 유어 페이버릿 프룻?

너는 가장 좋아하는 과일이 무엇이니?

My favorite fruit is grapes.

마이 페이버릿 프룻 이즈 그레입스.

내가 가장 좋아하는 과일은 포도입니다.

Phonics Worksheets

빠진 소리에 맞는 알파벳을 써 보세요.

 **F**ather
아버지

 B F A K

 ___other
어머니

 C A M N

 ___aby
아기

 D X B N

 ___oy
소년

B F A K

 ___irl
소녀

 G A D F

 ___an
남자

 C A H M

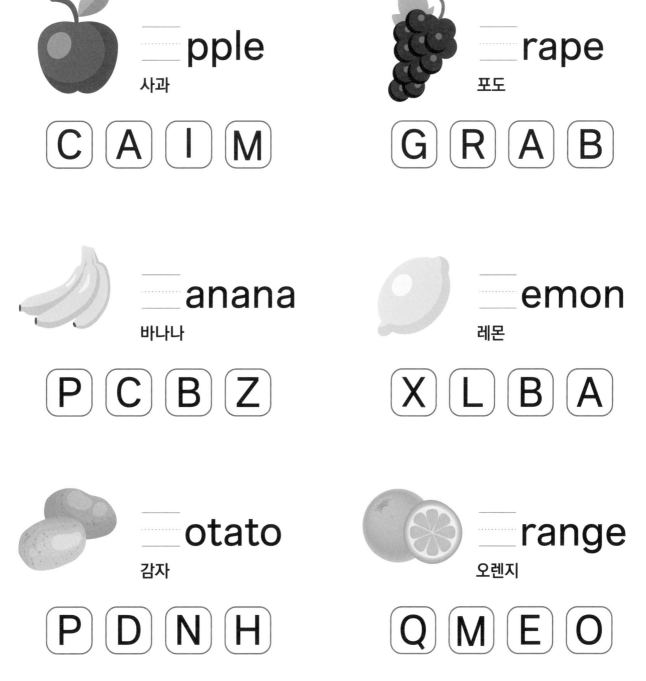

____pple
사과

C A I M

____rape
포도

G R A B

____anana
바나나

P C B Z

____emon
레몬

X L B A

____otato
감자

P D N H

____range
오렌지

Q M E O

Zoo
주, 동물원

토끼
래빗 Rabbit

거북이
터틀 Turtle

코끼리
엘리펀트
Elephant

판다
팬더 Panda

사자
라이언 Lion

타조
오스트리치
Ostrich

늑대
월프 Wolf

곰
베어 Bear

기린
저래프 Giraffe

동물
애니멀 Animal

사슴
디어 Deer

원숭이
멍키 Monkey

여우
폭스 Fox

낙타
캐멀 Camel

뱀
스네익 Snake

호랑이
타이거 Tiger

양
쉽 Sheep

치타
치터 Cheetah

얼룩말
지브라 Zebra

말
호어스 Horse

하마
히포 Hippo

Review Test

☑️ 올바른 글자에 표시하세요.

말

- ☐ Hand
- ☐ Horse
- ☐ Hippo

사자

- ☐ Lion
- ☐ Lemon
- ☐ Lunch

판다

- ☐ Panda
- ☐ Paint
- ☐ Peach

토끼

- ☐ Rabbit
- ☐ Rice
- ☐ Ruler

거북이

- ☐ Tennis
- ☐ Table
- ☐ Turtle

늑대

- ☐ Water
- ☐ Wolf
- ☐ White

 단어를 따라 써 보세요.

곰

Bear Bear Bear

하마

Hippo Hippo

원숭이

Monkey Monkey

호랑이

Tiger Tiger Tiger

그림에 맞는 단어를
연결하세요.

 여우 ○   ○ Fox

 얼룩말 ○   ○ Deer

 사슴 ○   ○ Zebra

 코끼리 ○   ○ Camel

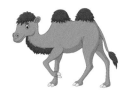 낙타 ○   ○ Elephant

Animals

Do you like lions?

두　유　라익　라이언즈?

너는 사자를 좋아해?

No, I don't like lions.

노우, 아이 도운트　라익　라이언즈.

아니요, 나는 사자를 좋아하지 않아요.

What is your favorite animal?

왓　이즈 유어　페이버릿　애니멀?

너는 기장 좋아하는 동물이 뭐야?

My favorite animal is panda.

마이　페이버릿　애니멀　이즈 팬더.

내가 가장 좋아하는 동물은 판다입니다.

Unit 04 Sea World

시 월드, 바다세계

등대
라잇하우스
Lighthouse

돌고래
달핀 Dolphin

파도타기
서핑 Surfing

섬
아일랜드
Island

상어
샤아크 Shark

잠수함
서브마린
Submarine

오징어
스퀴드 Squid

게
크랩 Crab

조개
쉘피시 Shellfish

갈매기
시걸 Seagull

불가사리
스타피쉬 Starfish

낚시
피싱 Fishing

배
보우트 Boat

고래
웨일 Whale

해파리
젤리피쉬
Jellyfish

가오리
스팅레이
Stingray

새우
쉬림프 Shrimp

문어
악터퍼스
Octopus

해마
시호어스
Seahorse

43

Review Test

☑ 올바른 글자에 표시하세요.

배

- ☐ Bakery
- ☐ Bear
- ☐ Boat

낚시

- ☐ Fifty
- ☐ Fishing
- ☐ Finger

상어

- ☐ Season
- ☐ Seven
- ☐ Shark

오징어

- ☐ Sheep
- ☐ Squid
- ☐ Shoes

해파리

- ☐ Japan
- ☐ Jellyfish
- ☐ January

고래

- ☐ Whale
- ☐ Window
- ☐ Winter

단어를 따라 써 보세요.

게

돌고래

문어

불가사리

그림에 맞는 단어를 연결하세요.

 등대 ⦿　　　⦿ **Seahorse**

 해마 ⦿　　　⦿ **Lighthouse**

 새우 ⦿　　　⦿ **Submarine**

 파도타기 ⦿　　　⦿ **Shrimp**

 잠수함 ⦿　　　⦿ **Surfing**

Sea World

What is that?
왓   이즈 댓?

저것은 무엇입니까?

That is a lighthouse.
댓   이즈 어   라이트하우스.

저것은 등대입니다.

What is this?
왓   이즈 디스?

이것은 무엇입니까?

This is a starfish.
디스 이즈 어 스타피쉬.

이것은 불가사리입니다.

빠진 소리에 맞는 알파벳을 써 보세요.

 ___ion
사자

 L C M  H

 ___abbit
토끼

 C L R N

 ___anda
판다

 D X P N

 ___ox
여우

B F A K

 ___iger
호랑이

 G T D F

 ___ear
곰

 C A H B

 ___tarfish
불가사리

C A S N

 ___ellyfish
해파리

J C T B

 ___hark
상어

P C S Q

 ___quid
오징어

D S B P

 ___ctopus
문어

O D A F

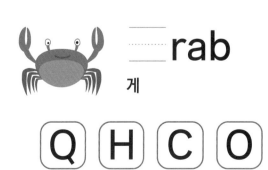 ___rab
게

Q H C O

Unit 05

My Town
마이 타운, 나의 동네

유치원
킨더가아튼
Kindergarten

과일가게
프룻 샵
Fruit shop

미용실
뷰티샵
Beauty shop

교회
처치 Church

나의 집
마이 하우스
My house

시장
마아킷 Market

소방서
파여 스테이션
Fire station

POST OFFICE

우체국
포우스트 오피스
Post office

빵 가게
베이커리 Bakery

놀이터
플레이그라운드
Playground

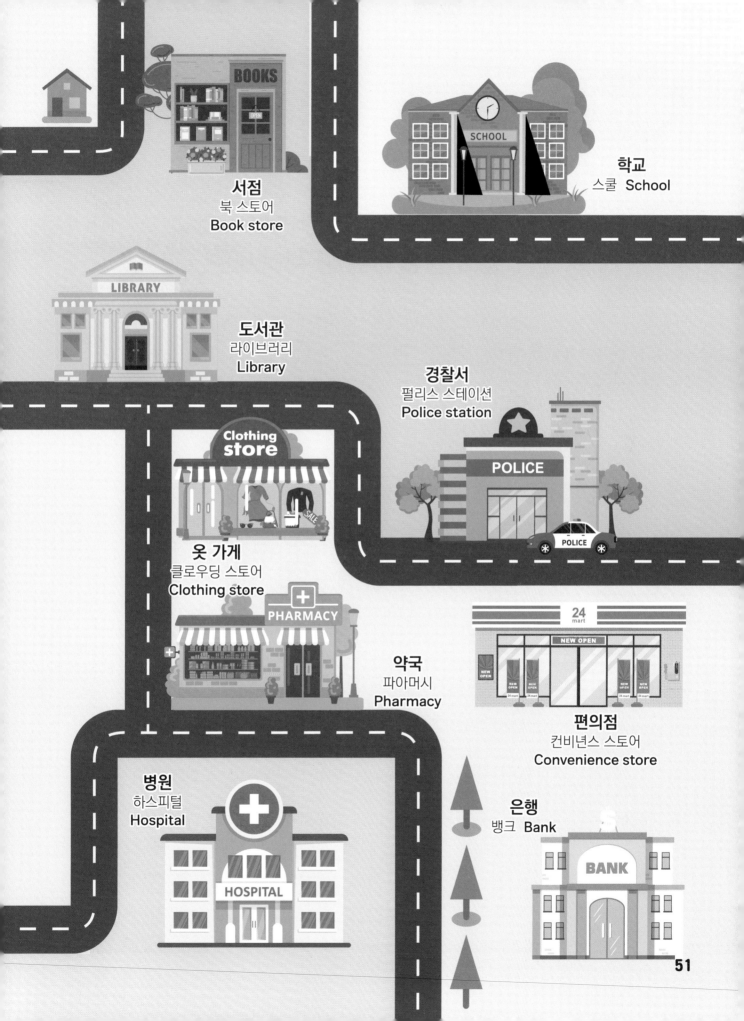

서점
북 스토어
Book store

학교
스쿨　School

도서관
라이브러리
Library

경찰서
펄리스 스테이션
Police station

옷 가게
클로우딩 스토어
Clothing store

약국
파아머시
Pharmacy

편의점
컨비년스 스토어
Convenience store

병원
하스피털
Hospital

은행
뱅크　Bank

Review Test

☑️ 올바른 글자에 표시하세요.

은행

- ☐ Bank
- ☐ Bear
- ☐ Black

놀이터

- ☐ Parents
- ☐ Picture
- ☐ Playground

병원

- ☐ Hospital
- ☐ Hippo
- ☐ Hobby

교회

- ☐ Chest
- ☐ Church
- ☐ China

약국

- ☐ Pharmacy
- ☐ Poland
- ☐ Potato

도서관

- ☐ Library
- ☐ Lemon
- ☐ Lunch

 단어를 따라 써 보세요.

시장

Market Market

빵가게

Bakery Bakery

학교

School School

병원

Hospital Hospital

53

 그림에 맞는 단어를
연결하세요.

 미용실 ○　　　○ **Post office**

 우체국 ○　　　○ **Fire station**

 소방서 ○　　　○ **Beauty shop**

 과일가게 ○　　　○ **Kindergarten**

 유치원 ○　　　○ **Fruit shop**

My Town

Excuse me. Where is a market?

익스큐즈 미 웨어 이즈 어 마아킷?

실례합니다. 시장이 어디에 있나요?

Go straight and turn right.

고우 스트레이트 앤드 턴 라이트.

똑바로 가셔서 오른쪽으로 가세요.

Excuse me. Where is a pharmacy?

익스큐즈 미 웨어 이즈 어 파아머시?

실례합니다. 약국이 어디에 있나요?

Please go this way

플리즈 고우 디스 웨이.

이쪽으로 가세요.

Food
푸드, 음식

컵케이크 **Cupcake Recipe** 요리법
레서피

우유
밀크 Milk

설탕
슈거 Sugar

물
워터 Water

소금
솔트 Salt

밀가루
플라워 Flour

기름
오일 Oil

버터
버터 Butter

계란
에그 Egg

초콜릿
초클릿
Chocolate

Yummy!

MENU 🍴
식단표
메뉴

Breakfast
아침식사
브렉퍼스트

팬케이크
Pancake

차
티 Tea

빵
브레드
Bread

Lunch
점심식사
런치

닭 튀김
프라이드 치컨
Fride chicken

샌드위치
샌위치
Sandwich

Dinner
저녁식사
디너

밥
라이스 Rice

국
숩 Soup

국수
누들 Noodle

고기
미잇 Meat

Dessert
후식
디저트

아이스크림
Ice cream

사탕
캔디 Candy

Drink
마실것
드링크

커피
Coffee

과일 즙
프룻 주스
Fruit juice

☑ 올바른 글자에 표시하세요.

□ Banana
□ Bread
□ Blue

빵

□ Candy
□ Chair
□ Children

사탕

□ Coffee
□ Cherry
□ Chicken

커피

□ Eye
□ Elbow
□ Egg

계란

□ Sheep
□ Season
□ Sugar

설탕

□ Notebook
□ Noodle
□ Nine

국수

단어를 따라 써 보세요.

Salt Salt Salt

소금

Pancake Pancake

팬케이크

Oil Oil Oil Oil

기름

Rice Rice Rice

쌀

그림에 맞는 단어를
연결하세요.

 초콜릿 ○　　　　　○ **Sandwich**

 샌드위치 ○　　　　　○ **Chocolate**

 물 ○　　　　　○ **Milk**

 우유 ○　　　　　○ **Butter**

 버터 ○　　　　　○ **Water**

Food

What's your favorite food?
왓츠　　　유어　　페이버릿　푸드?

너는 가장 좋아하는 음식이 무엇이니?

I like hamburgers.
아이 라익　　햄버거즈.

저는 햄버거를 좋아해요.

How about you?
하우　　어바웃　　유?

너는 어때?

I like hamburgers, too.
아이 라익　　햄버거즈,　　　　　투.

저도 햄버거를 좋아해요.

Phonics Worksheets

빠진 소리에 맞는 알파벳을 써 보세요.

___ank
은행

B N F H

___ospital
병원

C H U P

___chool
학교

D X P S

___akery
빵가게

B F C R

___harmacy
약국

G P D F

___ibrary
도서관

C A L R

62

____andy

사탕

C K S P

____offee

커피

J C T R

____ilk

우유

P C M N

____ater

물

D S B W

____read

빵

B C A K

____gg

계란

Q H E A

컴퓨터
Computer

창문
윈도우 Window

에어컨
에어 컨디셔너
Air conditioner

Bedroom

침실
베드룸

커튼
컬튼 Curtain

베개
필로우 Pillow

이불
블랭킷 Blanket

가구
퍼니처
Furniture

침대
베드 Bed

시계
클락 Clock

Living room

거실
리빙 룸

소파
소우파 Sofa

그림
픽처 Picture

텔레비전
텔러비전
Television

책장
북 케이스
Bookcase

소파 테이블
소우파 테이블
Sofa table

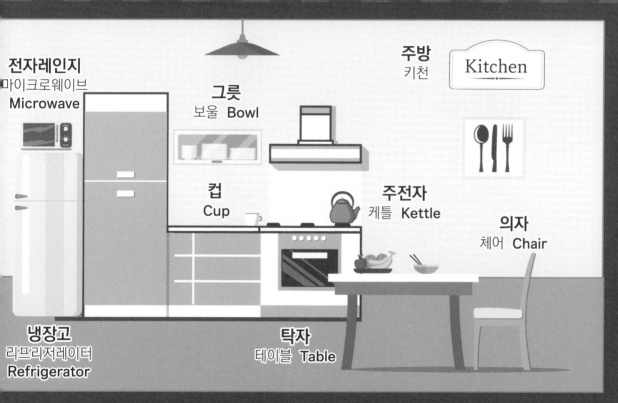

전자레인지
마이크로웨이브
Microwave

그릇
보울 Bowl

주방
키천
Kitchen

컵
Cup

주전자
케틀 Kettle

의자
체어 Chair

냉장고
리프리저레이터
Refrigerator

탁자
테이블 Table

비누
소웁 Soap

욕실
배쓰룸
Bathroom

칫솔
투쓰브러쉬
Toothbrush

거울
미러 Mirror

수건
타월 Towel

화장지
토일렛 페이퍼
Toilet paper

변기
토일렛
Toilet

세탁기
워싱 머쉰
Washing machine

휴지통
트래쉬 캔
Trash can

☑️ 올바른 글자에 표시하세요.

이불

☐ Baseball
☐ Blanket
☐ Bread

시계

☐ Clock
☐ Church
☐ Cloud

커튼

☐ Curtain
☐ Color
☐ Chicken

주전자

☐ Kitchen
☐ Korea
☐ Kettle

거울

☐ Mango
☐ Mirror
☐ Monday

수건

☐ Towel
☐ Table
☐ Tennis

단어를 따라 써 보세요.

Bed Bed Bed Bed

침대

Cup Cup Cup

컵

Soap Soap Soap

비누

Chair Chair Chair

의자

그림에 맞는 단어를
연결하세요.

 책장 ⚪   ⚪ **Computer**

 컴퓨터 ⚪   ⚪ **Window**

 창문 ⚪   ⚪ **Bookcase**

 칫솔 ⚪   ⚪ **Television**

 텔레비전 ⚪   ⚪ **Toothbrush**

My home

Who is in the bedroom?

후 이즈 인 더 베드룸?

침실에 누가 있나요?

My father is in the bedroom.

마이 파더 이즈 인 더 베드룸.

나의 아버지가 침실에 있습니다.

Where is the bathroom?

웨어 이즈 더 배쓰룸?

화장실은 어디에 있어요?

It is over there.

잇 이즈 오버 데어.

저쪽에 있습니다.

Unit 08 Farm
팜, 농장

새 버드 Bird

풍차 윈드밀 Windmill

벌 비이 Bee

잠자리 드래건플라이 Dragonfly

나비 버터플라이 Butterfly

개미 앤트 Ant

무당벌레 레이디벅 Ladybug

닭 치컨 Chicken

개구리 프라그 Frog

오리 덕 Duck

연못 판드 Pond

70

구름
클라우드 Cloud

해
선 Sun

산
마운튼
Mountain

개
도그 Dog

나무
트리 Tree

염소
고우트 Goat

고양이
캣 Cat

소
카우 Cow

당나귀
당키 Donkey

돼지
피그 Pig

쥐
마우스 Mouse

71

Review Test

☑ 올바른 글자에 표시하세요.

닭

- ☐ Chair
- ☐ Chicken
- ☐ Candy

구름

- ☐ China
- ☐ Cherry
- ☐ Cloud

오리

- ☐ Desert
- ☐ Duck
- ☐ Deer

개

- ☐ Doctor
- ☐ Desk
- ☐ Dog

쥐

- ☐ Mirror
- ☐ Mouse
- ☐ Market

벌

- ☐ Bed
- ☐ Bee
- ☐ Bag

단어를 따라 써 보세요.

개미

Ant Ant Ant Ant

해

Sun Sun Sun Sun

돼지

Pig Pig Pig Pig

고양이

Cat Cat Cat Cat

그림에 맞는 단어를
연결하세요.

 나비 ○　　　○ Cow

 소 ○　　　○ Butterfly

 잠자리 ○　　　○ Windmill

 풍차 ○　　　○ Ladybug

 무당벌레 ○　　　○ Dragonfly

74

The farm

This is my grandfather's farm.

디스 이즈 마이   그랜드파더즈   팜.

여기는 나의 할아버지 농장입니다.

Many animals live on the farm.

메니   애너멀즈   라이브 온 더   팜.

많은 동물들이 농장에서 살고 있습니다.

Where is a duck?

웨어   이즈 어 덕?

오리는 어디에 있나요?

The duck is in the pond.

더   덕 이즈 인 더   판드.

오리는 연못에 있습니다.

Phonics Worksheets

빠진 소리에 맞는 알파벳을 써 보세요.

___ed

침대

B N F D

___lanket

이불

C H B P

___irror

거울

D X M S

___owel

수건

B F C T

___up

컵

G C D F

___indow

창문

W A L R

76

 ___at
고양이

 ___og
개

C K S P

J C D B

 ___ouse
쥐

 ___ig
돼지

H C M N

D S B P

 ___ow
소

 ___nt
개미

B C A X

Y H E A

Unit 09 **Body**
몸, 바디

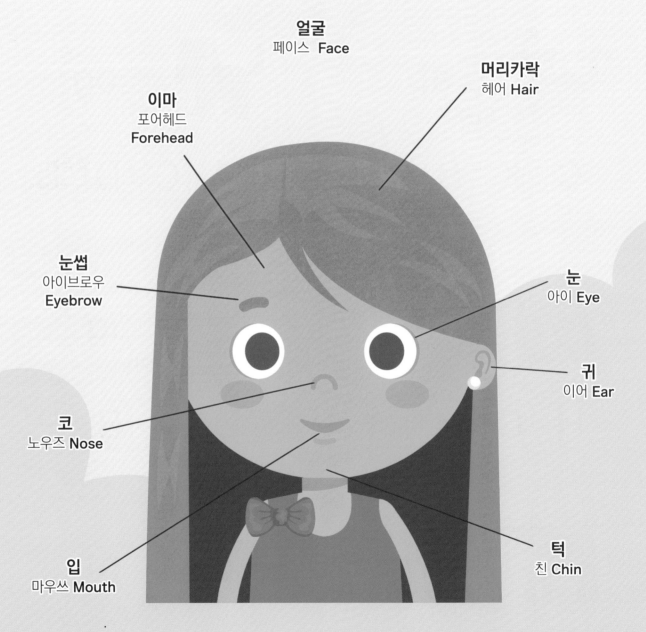

얼굴
페이스 Face

머리카락
헤어 Hair

이마
포어헤드
Forehead

눈썹
아이브로우
Eyebrow

눈
아이 Eye

귀
이어 Ear

코
노우즈 Nose

입
마우쓰 Mouth

턱
친 Chin

78

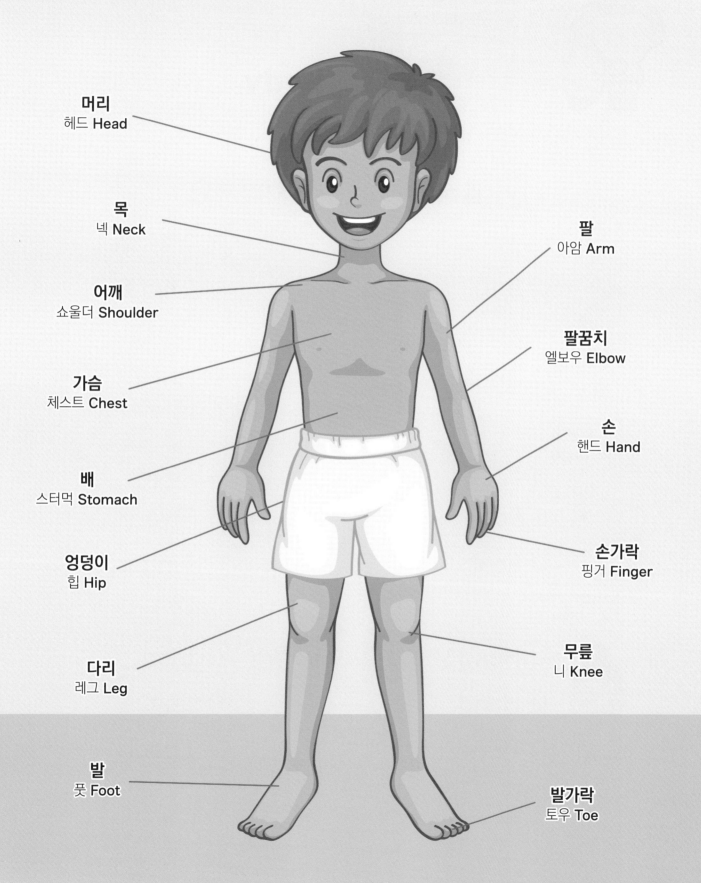

머리
헤드 Head

목
넥 Neck

어깨
쇼울더 Shoulder

가슴
체스트 Chest

배
스터먹 Stomach

엉덩이
힙 Hip

다리
레그 Leg

발
풋 Foot

팔
아암 Arm

팔꿈치
엘보우 Elbow

손
핸드 Hand

손가락
핑거 Finger

무릎
니 Knee

발가락
토우 Toe

☑️ 올바른 글자에 표시하세요.

□ Ant
□ Arm
□ Apple

팔

□ Chest
□ Clock
□ Chair

가슴

□ Face
□ Foot
□ Four

발

□ Face
□ Five
□ Finger

손가락

□ Head
□ Hand
□ Horse

머리

□ Lion
□ Leg
□ Lunch

다리

80

 단어를 따라 써 보세요.

머리카락

Hair Hair Hair

Eye Eye Eye Eye

눈

얼굴

Face Face Face

손

Hand Hand Hand

그림에 맞는 단어를
연결하세요.

 어깨 ◯   ◯ Ear

 귀 ◯   ◯ Shoulder

 입 ◯   ◯ Mouth

 이마 ◯   ◯ Nose

 코 ◯   ◯ Forehead

My Body

How are you feeling today?
하우 아 유 필링 투데이?

너는 오늘 기분이 어때?

I have a headache.
아이 해브 어 헤데익.

나는 머리가 아파요.

Why do you have a headache?
와이 두 유 해브 어 헤데익?

너는 왜 머리가 아프니?

Because I couldn't sleep last night.
비커즈 아이 쿠던트 슬립 래스트 나이트.

왜냐하면 나는 어젯밤에 잠을 못 잤어요.

Unit 10 Clothing
클로우딩, 옷

Clothing store
옷가게
클로우딩 스토어

가방
배액 Bag

선글라스
선글래씨스
Sunglasses

지갑
월럿 Wallet

반바지
숄츠 Shorts

치마
스컬트 Skirt

장갑
글러브즈 Gloves

양말
삭스 Socks

모자
햇 Hat

바지
팬츠 Pants

외투
코우트 Coat

드레스
Dress

티셔츠
T-shirt

운동화
스니커즈
Sneakers

구두, 신발
슈즈 Shoes

장화
부츠 Boots

84

색깔
컬러

COLOR

분홍색
핑크 Pink

검은색
블랙 Black

갈색
브라운 Brown

흰색
와이트 White

주황색
오어런지 Orange

노랑색
옐로우 Yellow

녹색
그린 Green

파란색
블루 Blue

회색
그레이 Gray

보라색
퍼플 Purple

빨간색
레드 Red

Review Test

☑ 올바른 글자에 표시하세요.

파란색
- ☐ Bakery
- ☐ Baby
- ☐ Blue

지갑
- ☐ Wallet
- ☐ Water
- ☐ White

드레스
- ☐ Dress
- ☐ Deer
- ☐ Desk

녹색
- ☐ Garlic
- ☐ Green
- ☐ Grape

치마
- ☐ Skirt
- ☐ Snake
- ☐ Sugar

장갑
- ☐ Gray
- ☐ Gloves
- ☐ Ginger

 단어를 따라 써 보세요.

Bag Bag Bag Bag

가방

Hat Hat Hat Hat

모자

Red Red Red Red

빨간색

Black Black Black

검은색

그림에 맞는 단어를
연결하세요.

 노란색 ◯   ◯ **Socks**

 썬글라스 ◯   ◯ **Sunglasses**

 신발 ◯   ◯ **Red**

 양말 ◯   ◯ **Yellow**

 빨간색 ◯   ◯ **Shoes**

The color

Hello, can I help you?
헬로우, 캔 아이 헬프 유?

안녕하세요, 좀 도와드릴까요?

I'm looking for a blue dress.
아임 루킹 포어 어 블루 드레스.

나는 파란색 드레스를 찾고 있어요.

Let me check for you.
렛 미 첵 포 유.

확인해 드리겠습니다.

I'm sorry. We don't have a blue dress.
아임 소리. 위 도운트 해브 어 블루 드레스.

죄송합니다. 우리는 파란색 드레스는 없습니다.

___ace
얼굴

B N F D

___ose
코

C N B P

___and
손

D X H S

___rm
팔

A F C T

___oot
발

G C D F

___outh
입

M A L R

____ag
가방

B K S P

____ocks
양말

J C D S

____reen
녹색

H G M N

____lack
검은색

D S B P

____ed
빨간색

R C A X

____lue
파란색

Y B E A

Unit 11 Job & Hobby
잡&하비, 직업&취미

의사
닥터 Doctor

간호사
널스 Nurse

요리사
셰프 Chef

경찰
펄리스 오피서
Police officer

군인
소울저 Soldier

조종사
파일럿 Pilot

선생님
티이철 Teacher

기술자
엔지니어
Engineer

건축가
알키텍
Architect

가수
싱어 Singer

판사
저지 Judge

소방관
파이어 파이터
Firefighter

92

걷기
워킹 Walking

달리기
러닝 Running

자전거 타기
싸이클링 Cycling

농구
바스켓볼
Basketball

피아노치기
플레잉 더 피애노우
Playing the piano

책읽기
리딩 북스
Reading books

노래부르기
싱잉 Singing

그림그리기
드로잉 Drawing

수영
스위밍
Swimming

야구
베이스볼
Baseball

테니스
테니스 Tennis

태권도
Taekwondo

줄넘기
점프 로옵
Jump rope

배구
발리볼
Volleyball

축구
사커
Soccer

93

✅ 올바른 글자에 표시하세요.

자전거 타기

- ☐ Cycling
- ☐ Chair
- ☐ Cream

선생님

- ☐ Tennis
- ☐ Tomato
- ☐ Teacher

달리기

- ☐ Running
- ☐ Rabbit
- ☐ Rice

걷기

- ☐ Wallet
- ☐ Walking
- ☐ Window

의사

- ☐ Doctor
- ☐ Dinner
- ☐ Dress

테니스

- ☐ Three
- ☐ Tennis
- ☐ Tiger

단어를 따라 써 보세요.

선생님

Teacher Teacher

의사

Doctor Doctor

피아노

Piano Piano Piano

가수

Singer Singer

 그림에 맞는 단어를
연결하세요.

 농구 ⚪   ⚪ **Volleyball**

 소방관 ⚪   ⚪ **Soccer**

 배구 ⚪   ⚪ **Basketball**

 축구 ⚪   ⚪ **Firefighter**

 야구 ⚪   ⚪ **Baseball**

HOBBY

Are you a student?

아 유 어 스튜던트?

너는 학생이니?

Yes, I'm a student.

예스, 아임 어 스튜던트.

네, 저는 학생입니다.

Do you like swimming?

두 유 라익 스위밍?

너는 수영을 좋아하니?

Yes, I like swimming.

예스, 아이 라익 스위밍.

네, 저는 수영을 좋아합니다.

Unit 12 · Number
넘버, 숫자

ONE	TWO	THREE	FOUR	FIVE
[원]	[투]	[쓰리]	[포어]	[파이브]

SIX	SEVEN	EIGHT	NINE	TEN
[식스]	[쎄번]	[에잇]	[나인]	[텐]

ELEVEN	TWELVE	THIRTEEN	FOURTEEN	FIFTEEN
[일레븐]	[트웰브]	[써틴]	[포어틴]	[피프틴]

16
SIXTEEN
[식스틴]

17
SEVENTEEN
[세번틴]

18
EIGHTEEN
[에이틴]

19
NINETEEN
[나인틴]

20
TWENTY
[트웬티]

30
THIRTY
[써티]

40
FORTY
[포어티]

50
FIFTY
[피프티]

60
SIXTY
[식스티]

70
SEVENTY
[세번티]

80
EIGHTY
[에이티]

90
NINETY
[나인티]

100
ONE HUNDRED
[원 헌드레드]

1000
ONE THOUSAND
[원 싸우전드]

Review Test

☑ 올바른 글자에 표시하세요.

3
- ☐ Tennis
- ☐ Three
- ☐ Teacher

8
- ☐ Eight
- ☐ Elbow
- ☐ Eyebrow

5
- ☐ Frog
- ☐ Fox
- ☐ Five

9
- ☐ Nurce
- ☐ Nine
- ☐ Noodle

7
- ☐ Seven
- ☐ School
- ☐ Shark

12
- ☐ Tomato
- ☐ Tennis
- ☐ Twelve

단어를 따라 써 보세요.

1

One One One One

4

Four Four Four

6

Six Six Six Six

10

Ten Ten Ten Ten

그림에 맞는 단어를
연결하세요.

20 　　●　　　　　●　　**Sixteen**

16 　　●　　　　　●　　**Sixty**

14 　　●　　　　　●　　**Twenty**

40 　　●　　　　　●　　**Forty**

60 　　●　　　　　●　　**Fourteen**

Number

How old are you?
하우 올드 아 유?

너는 몇살이니?

I'm 8 years old.
아임 에잇 이어즈 올드.

저는 8살입니다.

What time do you go to school?
왓 타임 두 유 고 투 스쿨?

너는 몇 시에 학교에 가니?

I go to school at 8.
아이 고 투 스쿨 엣 에잇.

저는 8시에 학교로 갑니다.

빠진 소리에 맞는 알파벳을
써 보세요.

 ___eacher
선생님

 B T F K

 ___octor
의사

 B H D P

 ___inger
가수

 A X N S

 ___unning
달리기

 R C H X

 ___ennis
테니스

 T C B X

 ___aseball
야구

 W B Q X

9 ___ine
9

C N M P

5 ___ive
5

F M P B

6 ___ix
6

H S U N

2 ___wo
2

D T B P

4 ___our
4

B F P X

10 ___en
10

T Y I A

Calendar
캘린더, 달력

주
위크
WEEK

Monday
월요일
먼데이

Tuesday
화요일
튜즈데이

Wednesday
수요일
웬즈데이

Thursday
목요일
떨스데이

Friday
금요일
프라이데이

Saturday
토요일
새터데이

Sunday
일요일
썬데이

To Do

SEASON 계절
시즌

SPRING
봄
스프링

SUMMER
여름
썸머

WINTER
겨울
윈터

AUTUMN
가을
어텀

MONTH 월
먼쓰

JANUARY
1월 제뉴어리

FEBRUARY
2월 페브러리

MARCH
3월 마아치

APRIL
4월 에이프럴

MAY
5월 메이

JUNE
6월 준

JULY
7월 줄라이

AUGUST
8월 오거스트

SEPTEMBER
9월 셉탬버

OCTOBER
10월 악토버

NOVEMBER
11월 노벰버

DECEMBER
12월 디셈버

Review Test

☑️ 올바른 글자에 표시하세요.

4월

- ☐ Apple
- ☐ April
- ☐ Ant

토요일

- ☐ Saturday
- ☐ School
- ☐ Season

1월

- ☐ January
- ☐ Jellyfish
- ☐ July

3월

- ☐ Market
- ☐ Mirror
- ☐ March

10월

- ☐ Orange
- ☐ Octopus
- ☐ October

5월

- ☐ May
- ☐ Map
- ☐ Month

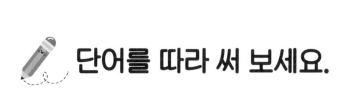 단어를 따라 써 보세요.

6월

June June June

7월

July July July July

일요일

Sunday Sunday

월요일

Monday Monday

그림에 맞는 단어를
연결하세요.

 봄　○　　　○　Autumn

 여름　○　　　○　Spring

 가을　○　　　○　Summer

 겨울　○　　　○　December

 12월　○　　　○　Winter

110

Season

When is your birthday?
웬 이즈 유어 벌쓰데이?

너의 생일은 언제니?

My birthday is January 2nd.
마이 버쓰데이 이즈 제뉴어리 세컨드.

내 생일은 1월 2일입니다.

What's your favorite season?
왓츠 유어 페이버릿 시즌?

너는 좋아하는 계절이 뭐야?

I like winter.
아이 라익 윈터.

나는 겨울을 좋아합니다.

Unit 14

School
스쿨, 학교

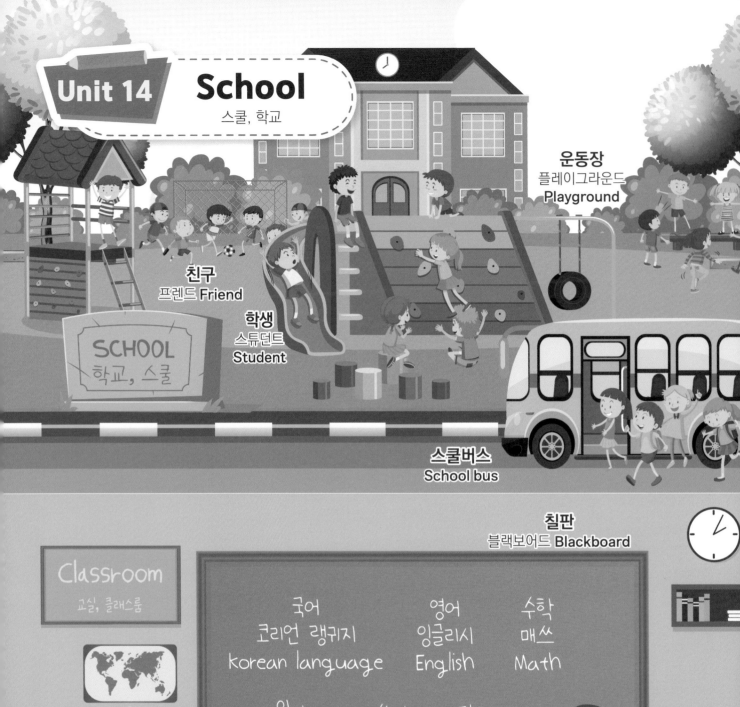

운동장
플레이그라운드
Playground

친구
프렌드 Friend

학생
스튜던트
Student

SCHOOL
학교, 스쿨

스쿨버스
School bus

칠판
블랙보드 Blackboard

Classroom
교실, 클래스룸

지도
맵 Map

국어
코리언 랭귀지
korean language

영어
잉글리시
English

수학
매쓰
Math

읽기
리딩
Reading

쓰기
라이팅
Writing

말하기
스피킹
Speaking

A
APPLE

의자
체어 Chair

책상
데스크 Desk

112

연필
펜슬 Pencil

필통
펜슬 케이스 Pencil case

지우개
이레이썰 Eraser

물감
페인트 Paint

자
룰러 Ruler

책가방
스쿨백
School bag

붓
페인트 브러쉬
Paint brush

가위
씨절스 Scissors

물병
워터 바틀
Water bottle

책
북 Book

스케치북
Sketchbook

공책
노트북 Notebook

Review Test

☑ 올바른 글자에 표시하세요.

의자

- ☐ Candy
- ☐ Chair
- ☐ Chicken

연필

- ☐ Piano
- ☐ Panda
- ☐ Pencil

지우개

- ☐ Eight
- ☐ Egg
- ☐ Eraser

책상

- ☐ Desk
- ☐ Deer
- ☐ Duck

수학

- ☐ Money
- ☐ Monday
- ☐ Math

가위

- ☐ School
- ☐ Seven
- ☐ Scissors

단어를 따라 써 보세요.

책

Book Book Book

책상

Desk Desk Desk

수학

Math Math Math

English English

영어

그림에 맞는 단어를
연결하세요.

 물감 ⬤   ⬤ **Notebook**

 칠판 ⬤   ⬤ **Blackboard**

 책가방 ⬤   ⬤ **Paint**

 공책 ⬤   ⬤ **Schoolbag**

 스케치북 ⬤   ⬤ **Sketchbook**

School

Who is your best friend?
후   이즈 유어   베스트   프렌드?

너의 가장 친한 친구는 누구니?

My best friend is Nana.
마이 베스트   프렌드 이즈   나나.

나의 가장 친한 친구는 나나입니다.

Do you have a pencil?
두   유   해브   어 펜슬?

너는 연필을 가지고 있니?

Yes, I have a pencil.
예스, 아이 해브   어   펜슬.

네, 나는 연필을 가지고 있어요.

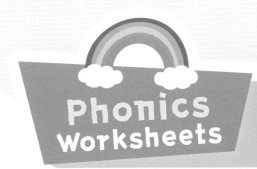

Phonics Worksheets

빠진 소리에 맞는 알파벳을 써 보세요.

____pring

봄

B S C K

____inter

겨울

W L N P

____pril

4월

X F A S

____une

6월

J I H P

____onday

월요일

T C M N

____unday

일요일

S C M X

___nglish
영어

C N E Y

___ath
수학

F M P B

___ook
책

H B D N

___otebook
공책

D T M N

___esk
책상

D L P Q

___encil
연필

T Y P F

Unit 15　Travel
트레블, 여행

검색
썰칭 Searching

준비
프레퍼레이션
Preparation

계획
플래닝 Planning

짐
러기지 Luggage

예약
부킹 Booking

안내책
가이드북
Guide book

지도
맵 Map

환전
머니 익스체인지
Money exchange

여권
패스포어트
Passport

비행기
에어플레인
Airplane

공항
에어포어트
Airport

↑ Departures ✈   ↓ Toilet 🚹🚺

출발
디파처

화장실
토일렛

← Arrivals ✈   ↑ Gate A1-A20

도착
어라이벌

출입구
게이트

탑승수속
체킨 Check-in

보안 검사
시큐러티 체크
Security Check

여권심사
패스포어트 컨트로올
Passport control

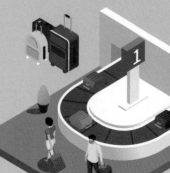

면세점
듀티 프리
DUTY FREE

수화물 찾는 곳
배기지 클레임
Baggage claim

Review Test

☑️ 올바른 글자에 표시하세요.

비행기

- ☐ Apple
- ☐ Airplane
- ☐ Animal

공항

- ☐ Airport
- ☐ Arrivals
- ☐ Autumn

돈

- ☐ Monday
- ☐ Month
- ☐ Money

여권

- ☐ Peach
- ☐ Piano
- ☐ Passport

여행

- ☐ Teacher
- ☐ Tennis
- ☐ Travel

지도

- ☐ Man
- ☐ Map
- ☐ Mouse

단어를 따라 써 보세요.

지도

Map Map Map

화장실

Toilet Toilet Toilet

공항

Airport Airport

비행기

Airplane Airplane

그림에 맞는 단어를
연결하세요.

 출발 ○   ○ **Departures**

 도착 ○   ○ **Arrivals**

 짐 ○   ○ **Money**

 돈 ○   ○ **Toilet**

 화장실 ○   ○ **Luggage**

Airport

Excuse me. Where is the toilet?
익스큐즈 미. 웨어 이즈 더 토일렛?

실례합니다. 화장실은 어디에 있나요?

It's over there.
잇스 오버 데어.

그것은 저쪽에 있습니다.

Can I see your passport?
캔 아이 시 유어 패스포어트?

여권 좀 보여 주시겠어요?

Here you are.
히어 유 아.

여기에 있습니다.

start

한국
사우스 코리아
South Korea

중국
차이나
China

일본
제팬
Japan

인도
인디아
India

캐나다
캐네더
Canada

미국
유나이티드 스테이츠
United States

멕시코
멕시코우
Mexico

브라질
브러질
Brazil

아르헨티나
알젠티나
Argentina

우주
스페이스
Space

126

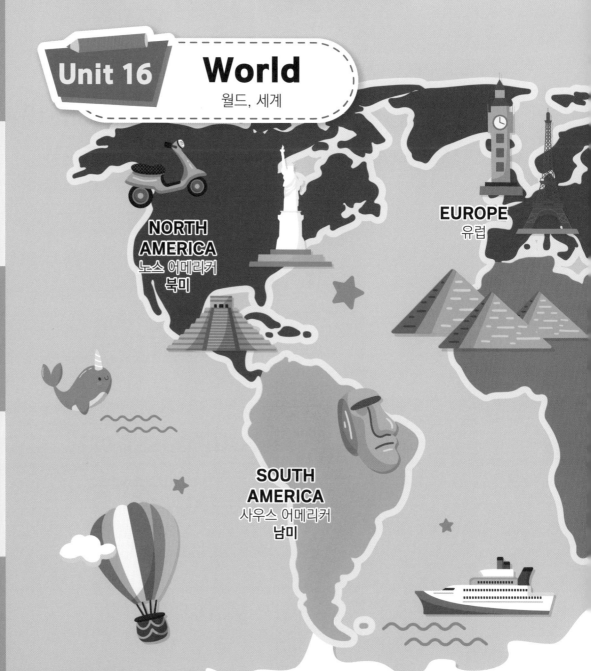

Unit 16　　**World**
월드, 세계

NORTH
AMERICA
노스 어메리커
북미

EUROPE
유럽

SOUTH
AMERICA
사우스 어메리커
남미

러시아
러샤
Russia

튀르키예
Turkiye

독일
절머니
Germany

프랑스
프랜스
France

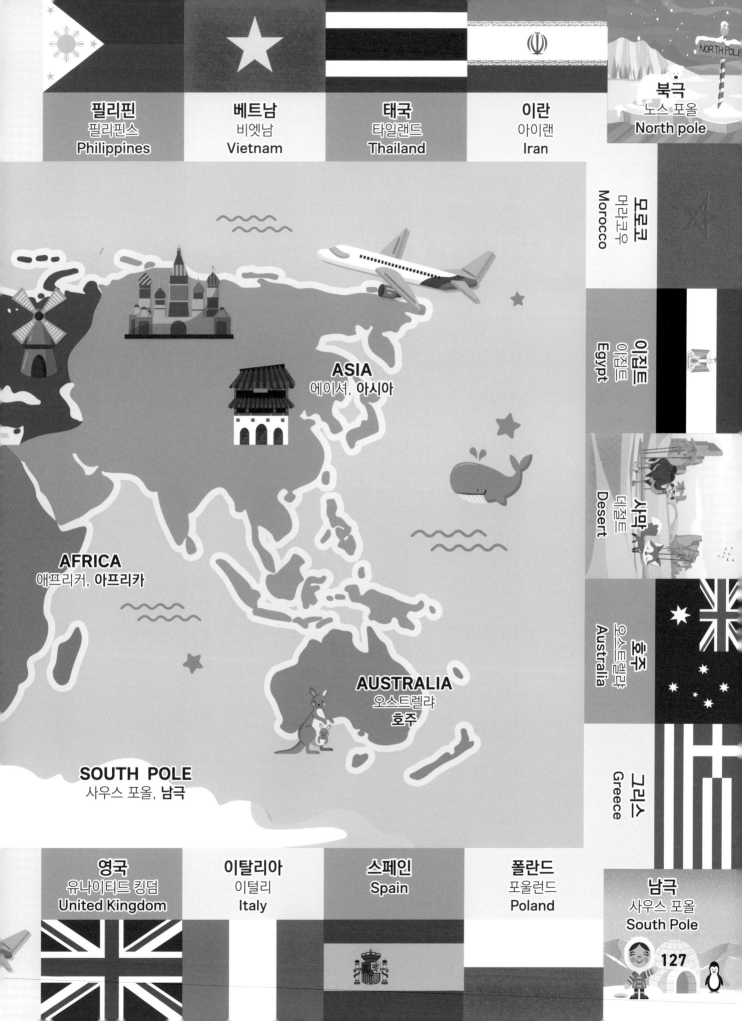

필리핀
필리핀스
Philippines

베트남
비엣남
Vietnam

태국
타일랜드
Thailand

이란
아이랜
Iran

북극
노스 포올
North pole

모로코
머라크우
Morocco

이집트
이쥡트
Egypt

사막
데절트
Desert

ASIA
에이셔, 아시아

AFRICA
애프리커, 아프리카

AUSTRALIA
오스트렐랴
호주

호주
오스트랠랴
Australia

SOUTH POLE
사우스 포올, 남극

그리스
Greece

영국
유나이티드 킹덤
United Kingdom

이탈리아
이털리
Italy

스페인
Spain

폴란드
포울런드
Poland

남극
사우스 포올
South Pole

127

Review Test

☑️ 올바른 글자에 표시하세요.

한국

- ☐ Kitchen
- ☐ Korea
- ☐ Kettle

일본

- ☐ January
- ☐ Jellyfish
- ☐ Japan

캐나다

- ☐ Chair
- ☐ Canada
- ☐ Candy

러시아

- ☐ Rice
- ☐ Russia
- ☐ Rabbit

중국

- ☐ China
- ☐ Cherry
- ☐ Cloud

스페인

- ☐ Singer
- ☐ Spain
- ☐ Snake

 단어를 따라 써 보세요.

한국

Korea Korea

일본

Japan Japan

중국

China China

프랑스

France France

그림에 맞는 단어를
연결하세요.

 인도 ○   ○ India

 베트남 ○   ○ Space

 우주 ○   ○ Vietnam

 태국 ○   ○ Desert

 사막 ○   ○ Thailand

World

Where are you from?
웨어   아 유   프럼?

어디에서 오셨어요?

I'm from Korea.
아임 프럼   코리아.

나는 한국에서 왔습니다.

Which ctiy are you from?
위치   시티 아 유   프럼?

어느 도시에서 오셨나요?

I'm from Seoul.
아임 프럼   서울.

나는 서울에서 왔어요.

빠진 소리에 맞는 알파벳을 써 보세요.

 ____irport

공항

 B S A O

 ____irplane

비행기

 W A O P

 ____assport

여권

 P F A H

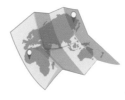 ____ap

지도

J N H M

 ____oilet

화장실

 P C T B

 ____oney

돈

N C M X

____orea
한국

C K E X

____anada
캐나다

F C K B

____hina
중국

H B D C

____apan
일본

D T J Y

____esert
사막

D L P S

____pace
우주

T S P K

133

Word Puzzle

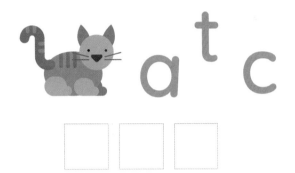

134

All About Me

My name is

I am _____ years old

My Birthday is

My favourite

color is _____
animal is _____
food is _____

My Hobby is

I want to be a

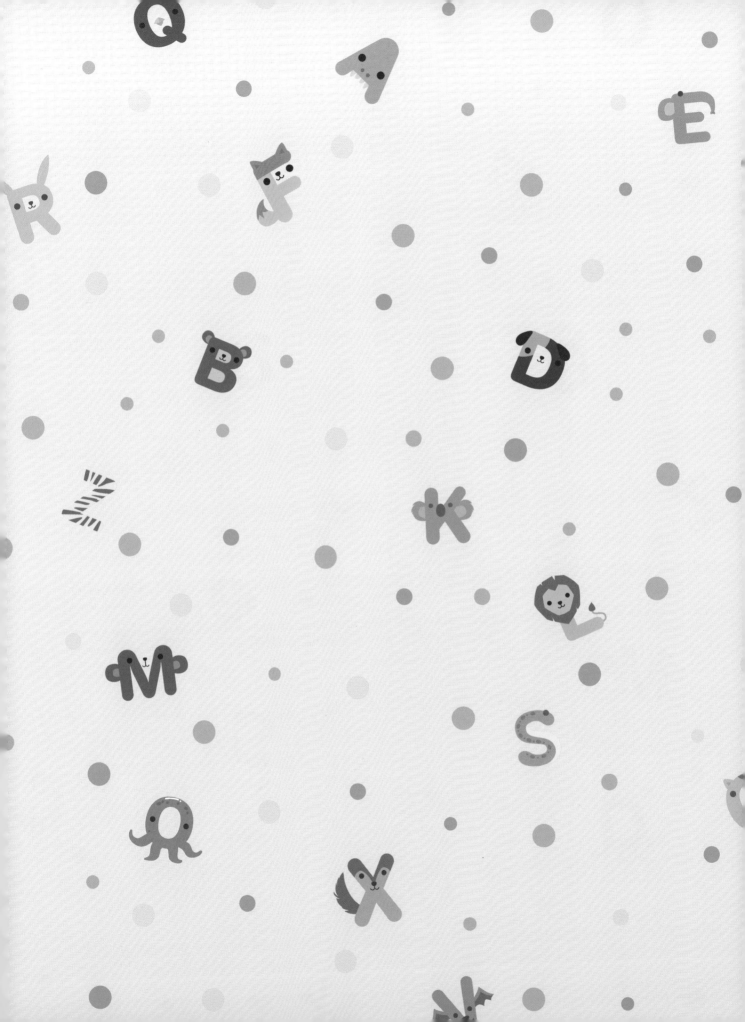